Dorothee Raab

Diktate richtig schreiben
4. Klasse

RICHTIG üben

Mit Illustrationen von
Karin Schliehe/Bernhard Mark
und Eva Wagendristel

Cornelsen
SCRIPTOR

Doppelte Konsonanten (Mitlaute)

Findest du die Reimwörter? Schreibe sie auf und unterstreiche den doppelten Konsonanten.

Butter
Mutter
Kutter

Kanne
Tonne
Wanne

Wolle
Rolle
Scholle

Stelle
Welle
K
Quelle

Puppe
Gruppe
Suppe
Truppe

Platte
Wlatte
Ralätte
Läratte

Tonne
Sonne
Wonne

Nummer
Kummer
Hummer

Mappe
Pappe
Klappe

Klette
Krette
Wette

Stall
Knall
Schall

Pfanne
P

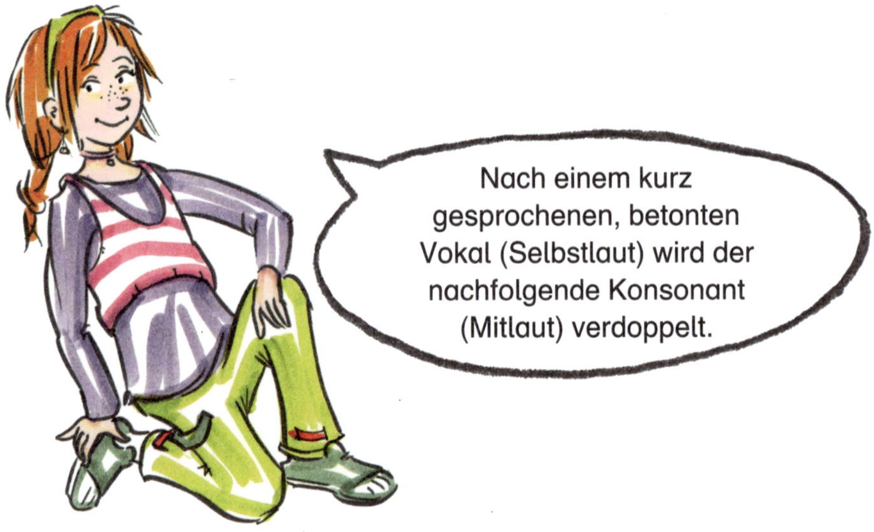

Lies die Geschichte genau und markiere alle Wörter mit doppeltem Konsonanten gelb.

Gewitter

Nina und Conni waren im Freibad. Jetzt wollen sie schnell nach Hause, denn am Himmel türmen sich schwarze Wolken und verdunkeln die Sonne. Zu Hause schließen die Mädchen alle Fenster. Ein heller Blitz erleuchtet den Himmel, und Sekunden später knallt es. Vor Schreck zucken die Kinder zusammen. Ihre Katze zieht den Schwanz ein und flitzt unter das Sofa.

Es donnert, und der Regen prasselt an die Scheiben. Nina hält sich ein Kissen auf die Ohren und sagt: „Wie gut, dass wir einen Blitzableiter am Haus haben, der uns schützt."

Die Mädchen sind so erleichtert, als das Gewitter endlich vorbei ist. Abends erzählt ihre Mutter, dass im Nachbarhaus ein Blitz eingeschlagen hat. Da umarmt Nina sie und sagt: „Welch ein Glück, Mama, dass unser Haus einen Blitzschutz hat!"

Schreibe die Wörter mit doppeltem Konsonanten auf.

1. Lies den Diktattext zweimal durch.
2. Schreibe schwierige Wörter auf Karteikarten.
3. Übe das Diktat als Laufdiktat.

Doppelte Konsonanten (Mitlaute): ss

Bilde zusammengesetzte Nomen mit **ss,** indem du die passenden Wörter zusammenfügst. Schreibe die Nomen auf.

1	Sofa	3	-rasse	1 Sofakissen
2	Nuss	1	-kissen	2 Nusstorte
3	Hunde	2	-torte	3 Hunderasse
4	Schoko	5	-messer	4 Schokofass
5	Brot	4	-fass	5 Brotmesser
6	Kassen		-kuss	6 Kassenzettel
7	Bier	9	-bund	7
8	Tee	6	-zettel	8 Teetasse
9	Schlüssel		-kastanie	9 Schlusselbund
10	Ross	9	-tasse	10
11	Schloss	12	-eimer	11 Schlosspark
12	Wasser	11	-park	12 Wassereimer
13	Schwimm	14	-pferd	14 Flusspferd
14	Fluss		-schüssel	
15	Satelliten		-flosse	
16	Ess		-tisch	

Lies den Text und markiere alle Wörter mit **ss** gelb.
Markiere Wörter mit anderen doppelten Konsonanten in einer anderen Farbe.

Der nützliche Föhn

Emma hat Schulschluss. Sie fährt mit dem Rad nach Hause und gerät plötzlich in einen starken Regenguss. Tropfnass betritt sie daheim den Flur, stellt ihre Schultasche ab und zieht schnell ihre durchnässten Sachen aus. Aus ihren neuen roten Leinenschuhen trieft das Wasser. So ein Ärger! Eigentlich wollte Emma nämlich am Nachmittag bei der Geburtstagsfeier ihren Freundinnen die neuen Schuhe vorführen.

Emma überlegt. Ihre Mutter steckt Zeitungspapier in nasse Schuhe, damit sie trocknen. Aber das dauert zu lange. Was soll sie tun? Emma zieht erst einmal trockene Sachen an und stellt die nassen Schuhe ins Badezimmer. Dort trocknet sie ihre Haare mit dem Föhn. Der Föhn! Emma föhnt ihre Schuhe mit dem Föhn, bis sie ganz trocken sind. Emma ist sehr froh. Nun kann sie ihren Freundinnen die neuen roten Leinenschuhe doch zeigen.

Schreibe die Wörter mit **ss** aus dem Text auf.

1. Lies den Diktattext zweimal durch.
2. Schreibe schwierige Wörter auf Karteikarten.
3. Übe das Diktat als Laufdiktat.

Adjektive mit -ig oder -lich

Ergänze vor den Nomen das fehlende Adjektiv.
Trage dann links die fehlenden Endungen ein.

hungr ig	der hungrige	Löwe
schreck ____	das ____	Wetter
plötz ____	das ____	Gewitter
schmutz ____	das ____	Hemd
langweil ____	das ____	Buch
richt ____	die ____	Aufgabe
herr ____	das ____	Wetter
kräft ____	der ____	Sportler
gefähr ____	das ____	Abenteuer
glück ____	die ____	Gewinnerin
neugier ____	die ____	Nachbarin
wicht ____	die ____	Nachricht
lust ____	der ____	Film

Schreibe die Adjektive mit **-ig** und **-lich** geordnet auf.

Adjektive mit **-ig:** ____

Adjektive mit **-lich:** ____

Adjektive mit -ig oder -lich

Lies den Text ganz genau und unterstreiche alle Wörter mit **-ig** und **-lich** am Ende.

Ganz schön mutig

Es ist ein warmer Tag im September, sonnig und etwas windig. Jannik und Hendrik lassen im Park einen Drachen steigen. Plötzlich schaukelt der Drachen heftig hin und her und stürzt ab. Er landet in der Astgabel einer Buche.

Jannik ist nicht ängstlich. Mutig klettert er auf den Baum und winkt seinem Freund von oben zu. Hendrik ruft: „Pass auf, das ist gefährlich!“ Aber Jannik lacht und meint fröhlich: „Keine Sorge, ich kann wirklich gut klettern.“ Er holt den Drachen vorsichtig aus der Astgabel und wirft ihn zusammen mit der Schnur auf den Rasen. Zum Glück bleibt der Drachen heil.

Jannik steigt wieder hinunter. Hendrik ist froh, dass sein Freund unverletzt neben ihm steht. Nur Janniks Jacke ist schmutzig geworden und hat ein winziges Loch. Hoffentlich bekommt er zu Hause keinen Ärger.

Schreibe die gespiegelten Wörter richtig auf.

heftig ____________________

vorsichtig ____________________

schmutzig ____________________

winzig ____________________

ängstlich ____________________

wirklich ____________________

gefährlich ____________________

1. Schreibe den Diktattext in dein Heft ab.
2. Schwierige Wörter kannst du unterstreichen und auf Karteikarten schreiben.
3. Kontrolliere, was du geschrieben hast.

Immer zwei Wörter ergeben ein zusammengesetztes Nomen.
Schreibe die Nomen auf.

Karten + Spiel		Kartenspiel
Tier + Arzt		

Karten
Tier
Spiegel
Bienen
Blumen
Zwiebel
Sieger
Knie
Raub
Malz
Brief
Tier

Spiel
Arzt
Wiese
Ei
Schoner
Bier
Marke
Klinik
Tier
Pokal
Honig
Suppe

Lies den Text und markiere alle Wörter mit **ie** gelb.

Die kranke Kuh

Henri und Helene verbringen das Wochenende auf einem Bauernhof. Viele Kühe stehen auf einer Wiese und grasen. Aber eine Kuh liegt im Gras und bewegt sich nicht. Henri und Helene wundern sich. Ob sie ein Kalb bekommt?

Sie laufen zur Bäuerin und erzählen ihr von der Kuh. Die Bäuerin telefoniert mit ihrem Mann. Dann informiert sie den Tierarzt, und schon bald treffen sich alle auf der Kuhweide. Die Kinder dürfen zusehen, wie der Tierarzt die Kuh untersucht. Ihr Bauch ist ganz rund und hart, aber ein Kälbchen erwartet sie nicht. Der Tierarzt sagt, dass die Kuh in eine Tierklinik transportiert werden muss. Vielleicht wird sie operiert. Henri und Helene staunen, dass es auch für so große Tiere ein Krankenhaus gibt. Sie würden die kranke Kuh am liebsten in der Klinik besuchen.

Notiere alle Verben aus dem Text mit der Endung **-ieren.**
Findest du noch weitere?

1. Es macht Spaß, wenn du den Text laut liest und mit einem MP3-Player oder Kassettenrekorder aufnimmst.
2. Spiele das aufgenommene Diktat ab, dann kannst du selbstständig üben.

ck nach kurzem Vokal (Selbstlaut)

Suche zu jedem Infinitiv (Grundform) die richtige Personalform.

backen	wir backen
schlecken	wir
drücken	ihr
wecken	ihr
sich bücken	ich
schmecken	es

schlucken	du schluckst
decken	sie
knicken	du
sich ducken	er
kleckern	ihr
necken	ich

packen	ich packe
schicken	ich
blicken	du
lackieren	du
meckern	sie
schmücken	er

Lies den Text genau. Unterstreiche alle Wörter mit **ck.**

Kartoffelsalat mit Würstchen

Lena und Jonas haben mit ihren beiden Freunden im Garten ein Zelt aufgebaut. Alle vier wollen darin übernachten. Nun sind sie aber hungrig. Die Mutter badet gerade die kleine Schwester Lotta, als Jonas fragt: „Mutti, kannst du uns bitte Kartoffelsalat mit Würstchen machen? Das schmeckt so lecker!"

Die Mutter nickt und meint: „Gerne, aber du musst im Supermarkt zwei Pfund Kartoffeln, acht Würstchen, ein Pfund Zwiebeln und ein Glas Gewürzgurken kaufen."

Jonas steckt das Geld ein und läuft mit der Einkaufstasche los. Er besorgt alles. Die Tasche ist voll und schrecklich schwer.

In der Küche packt Jonas alles aus: Zwiebeln, Gurken, acht Pfund Kartoffeln und zwei Würstchen.

Seine Mutter kommt. Erstaunt wandert ihr Blick zu Jonas und den Sachen auf dem Küchentisch. Sie lacht und ruft: „Jonas, warst du so in Gedanken? Dann gibt es jetzt eben Bratkartoffeln mit Spiegeleiern. Das mögt ihr doch auch gerne."

Schreibe die Wörter mit **ck** aus dem Text auf.

1. Suche jemanden, der dir den Diktattext diktiert.
2. Es macht Spaß, die Geschichte als Rufdiktat zu üben.

Vorsilben: Ver-/ver-, Vor-/vor-

Bilde neue Verben. Benutze die Vorsilben **ver-** und **vor-**.
Hat sich die Bedeutung verändert?

	ver-	**vor-**
stellen	verstellen	vorstellen
ziehen		
fahren		
kommen		
sagen		
fallen		
laufen		
sehen		
schreiben		
lesen		
lassen		
rechnen		
machen		

Findest du auch Nomen mit
Ver- und **Vor-?** Schreibe sie auf.

Ver-	**Vor-**
Verkehr	Vormittag

Lies die Geschichte und unterstreiche alle Wörter mit den Vorsilben **Ver-/ver-** und **Vor-/vor-**.

Auf Robbenjagd

Emma, Lukas und Lotta machen mit ihren Eltern Urlaub am Meer. Heute wollen sie sich mit ihren Freunden die Robben genauer ansehen. Lukas macht einen Vorschlag:

„Wir nehmen das Ruderboot von Fischer Kruse, so kommen wir rascher in die Nähe der Tiere. Aber ihr dürft mich nicht verraten. Das muss unser Geheimnis bleiben!"

Schnell laufen sie zum Schuppen des Fischers. Sie vereinbaren, dass Emma sich verstecken und Wache halten soll. Die anderen versuchen, sich gegen das Boot zu stemmen, aber es bewegt sich kein Stück.

Lotta meint: „In der Schule haben wir gelernt, dass man früher unter schwere Lasten Rollen aus Holz verlegt hat, dann konnte man besser schieben. Das ist die Lösung!" Sie rasen los, um Holz zu suchen. Nur Emma nicht – die haben sie im Versteck vergessen.

Schreibe die Wörter mit Vorsilben geordnet auf.

Ver- und **ver-**:

Vor- und **vor-**:

1. Suche jemanden, der dir den Diktattext diktiert.
2. Es macht Spaß, die Geschichte als Rufdiktat zu üben.

Wörter mit Qu und qu

Trage die fehlenden Wörter ein.

Quadrat quieken Quiz quer Quark

Qualm ~~Qualle~~ Aquarium Quelle

quaken

Quitte Quittung

Qualität Quatsch

quengeln quälen

1.	Q	u	a	l	l	e		
2.								
3.								
4.								
5.								
6.								
7.								
8.								
9.								
10.								
11.		q	u					
12.								
13.								
14.								
15.								
16.								

1. ein Nesseltier im Meer
2. anderes Wort für Unsinn
3. Ratespiel
4. gleichseitiges Viereck
5. wird aus saurer Milch gemacht
6. Rauch
7. Grundwasser tritt aus der Erde
8. Empfangsbescheinigung
9. eine Frucht
10. die Art einer Ware
11. Wasserbehälter für Fische
12. kreuz und …
13. jemand Böses antun
14. Schweine …
15. weinerlich nörgeln
16. Frösche …

Lies die Geschichte genau und markiere alle Wörter mit **Qu** und **qu.**

Quentin und die Qualle

Quentin ist mit seinen Eltern und mit seiner Schwester Lotta am Meer. Er läuft kreuz und quer am Strand entlang und sucht Muscheln. Plötzlich entdeckt er eine weißliche Qualle im flachen Wasser. Er legt sie in den Eimer. Dann rennt er zu Betty und ruft: „Rate mal, welches Tier ich gefangen habe."

Betty denkt laut nach: „Vielleicht einen Fisch oder eine Kaulquappe?" Quentin lacht: „Hier am Meer leben doch keine Frösche. Das Tier fühlt sich an wie Götterspeise. Es ist aber fast so weiß wie Quark."

Quentin lässt Betty in den Eimer sehen. Sofort quiekt sie los: „Igitt, eine Qualle! Brennt sie? Bring sie bloß wieder ins Wasser zurück." Die Mutter nickt und sagt: „Lass den Quatsch, Quentin. Auch Quallen soll man nicht quälen."

1. Knicke die Seite von rechts außen bis an die rote Linie nach innen.
2. Schreibe den Text stückweise auswendig auf die Linien.
3. Kontrolliere dann.

Wenn du die Geschichte auf Seite 17 liest, kannst du die Silben richtig zusammensetzen und in das Gitter schreiben.

~~beu~~ bla ~~Brut~~ che chen

chen flä ober Kno Mit meer

plat pferd pflan re Sand se

See sei ser ser ser Schwimm

strand te tel ~~tel~~ ten ter

tie Un Was Was

Was zen

				B	r	u	t	b	e	u	t	e	l				
K																	
W						t											
				S			p										
	W																
		S					t										
		W															
		S			w												
				U													
		M															

Zusammengesetzte Nomen

Findest du alle zusammengesetzten Nomen?
Markiere sie gelb.

Seepferdchen

Wenn du Glück hast, kannst du am Strand des Mittelmeeres ein Seepferdchen finden. Sein kleiner Kopf ähnelt einem Pferdekopf. Es hat zwei große Augen und eine lange Schnauze. Das Seepferdchen schwimmt meistens aufrecht. Mit zwei runden Flossen kann es steuern, in welche Richtung es schwimmt.

Der Körper des Seepferdchens ist mit stacheligen Knochenplatten bedeckt. Mit seinem langen, dünnen Schwanz hält es sich an Wasserpflanzen fest und lauert auf Beute. Kleine Wassertiere saugt es mit seiner Schnauze ein.

Bei den Seepferdchen trägt das Männchen die befruchteten Eier aus. In einem Brutbeutel auf der Unterseite seines Schwanzes entwickeln sich die Larven. Nach sechs Wochen öffnet sich der Brutbeutel, und ganz kleine, durchsichtige Seepferdchen schwimmen heraus. Sie steigen sofort an die Wasseroberfläche, damit sich ihre Schwimmblase füllt. Die kleinen Seepferdchen können sich gleich selbst von winzigen Wassertieren ernähren.

Schreibe die zusammengesetzten Nomen aus dem Text einmal auf.

1. Schreibe den Text als Stationendiktat.
2. Kontrolliere zum Schluss.
3. Unterstreiche jedes richtige Wort.

Wörter mit Pf und pf

Kannst du die Geheimschrift entziffern? Achte beim Schreiben auf die Groß- und Kleinschreibung.

16-6-5-18-4 ______

16-6-5-9-6-5 ______

16-6-12-5-7-5-14 ______

16-6-5-9-12 ______

16-6-1-14-14-5 ______

16-6-29-20-26-5 ______

16-6-9-18-19-9-3-8 ______

11-12-15-16-6-5-14 ______

8-29-16-6-5-14 ______

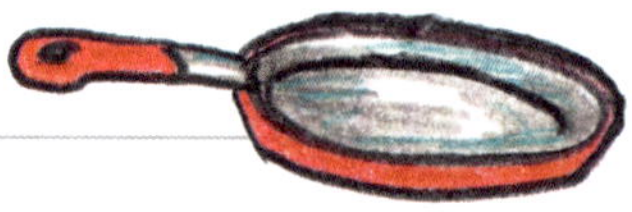

19-3-8-12-29-16-6-5-14 ______

16-6-5-6-6-5-18 ______

16-6-12-1-14-26-5-14 ______

16-6-15-20-5 ______

16-6-15-18-20-5 ______

16-6-12-1-19-20-5-18 ______

GEHEIMSCHRIFT

1 = a	11 = k	21 = u
2 = b	12 = l	22 = v
3 = c	13 = m	23 = w
4 = d	14 = n	24 = x
5 = e	15 = o	25 = y
6 = f	16 = p	26 = z
7 = g	17 = q	27 = ä
8 = h	18 = r	28 = ö
9 = i	19 = s	29 = ü
10 = j	20 = t	30 = ß

Lies die Geschichte genau durch.
Markiere alle Wörter mit **Pf** und **pf** gelb.

Regenwetter

Es regnet in Strömen. Maria und ihr kleiner Bruder Julius schauen aus dem Fenster. Sie wollen endlich draußen spielen, aber der Regen hört einfach nicht auf. Julius singt: „Blöder, blöder Regen, hör doch endlich auf." Maria pfeift laut mit.

Da kommt ihr Vater und sagt: „Schade, dass ihr drinnen bleiben müsst. Aber der Regen ist nicht blöd. Er ist sehr nützlich und notwendig. Pflanzen, Tiere und auch Menschen brauchen Regenwasser, damit sie nicht verdursten. Pflanzen wachsen viel besser, wenn sie genügend Regenwasser bekommen."

Julius schweigt. Plötzlich zieht er Hemd, Hose und Unterwäsche aus und rennt mit seinen bunten Socken raus in den Garten. Er hüpft und springt mit erhobenen Armen in die Pfützen und ruft: „Jetzt werde ich auch viel schneller wachsen, so wie die Pflanzen, und bald bin ich ganz groß!"

Welche Teile gehören zusammen?
Verbinde zusammengehörende Karten.

Garten-	pforte
Eck-	pflanze
Topf-	ball
Pflaumen-	kuchen
Hüpf-	schwanz
Pferde-	pfosten

1. Unterstreiche schwierige Wörter.
2. Schreibe sie auf die Karteikarten.
3. Schreibe jeden Satz einzeln auf einen Papierstreifen und übe das Diktat als Dosendiktat.

Aus Adjektiven werden Nomen

Füge die passenden Adjektive in der richtigen Form in die Sätze ein. Achte auf Großschreibung und schreibe wie im Beispiel.

frei ~~schwarz~~ dunkel hell grün ungewiss gut

Er traf genau ins Schwarze.

Im Winter gehe ich ohne Schal nicht ins ____________.

Jonas hat im ____________ keine Angst.

Wenn ich aus dem Kino ins ____________ komme, blinzle ich mit den Augen.

Morgen machen wir eine Fahrt ins ____________.

Die Reise führt ins ____________.

Wir hoffen, es kehrt sich alles zum ____________.

Ergänze jeweils eine passende unbestimmte Mengenangabe.

etwas Grünes

____________ Gutes

____________ Neues

____________ Essbares

____________ Helles

____________ Schlechtes

Lies den Text genau und unterstreiche alle Adjektive, die wie Nomen verwendet werden.

Der tote Vogel

Mina und Leon sind alleine zu Hause. Ihre Mutter kauft ein. Plötzlich knallt etwas Schwarzes gegen die Fensterscheibe und stürzt nach unten. Was war das?

Die Kinder laufen ins Freie. Neben einem Rosenbusch entdecken sie einen schwarzen Vogel, eine Amsel.

Leon und Mina hocken sich vorsichtig neben den Vogel. Er bewegt sich nicht, und seine Augen starren ins Leere. Mina fragt, ob er tot ist. Bedrückt antwortet Leon: „Ja, er atmet nicht mehr. Er hat sich wohl das Genick gebrochen." Die Kinder sind traurig. Sie wollen die Amsel begraben. Leon schaufelt ein Loch. Mina polstert die Kuhle mit Gras und Rosenblättern aus. Dann legen sie den Vogel vorsichtig hinein und bedecken ihn mit Blättern und Erde.

Abends erzählen die Kinder ihren Eltern, dass etwas Trauriges geschehen ist. Sie wollen Vogelschablonen an die Fenster kleben, damit sich so etwas Schreckliches nicht wiederholt.

Schreibe die Adjektive aus dem Text auf, die zu Nomen wurden.

1. Schreibe den Text als Laufdiktat.
2. Sprich beim Schreiben laut mit.
3. Kontrolliere zum Schluss.
4. Verbessere deine Fehler und schreibe die schwierigen Wörter auf Karteikarten.

d am Wortende

d oder **t?** Verlängere erst das Wort, dann kannst du den passenden Buchstaben ergänzen. Schreibe wie im Beispiel.

Bild	Bilder	das Bild
alt	älter	alt
Lich___		
Klei___		
Mona___		
Stif___		
spannen___		
Boo___		
Pfer___		
har___		
Stran___		
leich___		
Grun___		
frem___		
kal___		

Findest du alle Wörter mit **d** am Wortende? Markiere sie gelb.

Der Igel in der Grube

Paul und Anton helfen ihren Großeltern bei der Gartenarbeit. Paul mäht Rasen. Anton bringt Gras, Moos und Blätter in die Kompostgrube. Paul will eine Pause machen. Er schaltet den Rasenmäher aus und geht mit Anton zur Kompostgrube. Da hören sie es rascheln. Unten in der Grube bewegt sich etwas. Es ist ein Igel! Der Igel versucht, aus der Grube zu klettern, aber er fällt immer wieder den steilen Rand hinunter. Die Jungen wollen ihn nicht anfassen und hochheben. Der Grund ist, dass seine Stacheln so piksen.

Die Kinder überlegen. Da hat Anton eine gute Idee. Er holt ein langes Holzbrett aus dem Schuppen und lehnt es schräg an die Grubenwand. Gespannt beobachten die Jungen, was nun geschieht.

Bald rührt sich der Igel. Er streckt sich, steigt auf das Brett und trippelt vorsichtig nach oben. Als er Erde und Gras unter seinen Füßen spürt, läuft er davon und verschwindet im Wald. Paul und Anton freuen sich, dass der Igel wieder frei ist.

Schreibe alle Wörter mit **d** am Ende auf.
Fallen dir noch weitere ein?

1. Es macht Spaß, wenn du den Text laut liest und mit einem MP3-Player oder Kassettenrekorder aufnimmst.
2. Spiele das aufgenommene Diktat ab, dann kannst du selbstständig üben.

Aus au wird äu

Suche die verwandten Wörter. Schreibe sie paarweise auf und unterstreiche **au** und **äu.**

der Strauß

die Sträuße

der Bauch

die Bäume

laut

bläulich

der Baum

die Bäuche

blau

die Säure

das Haupt

die Bräute

kaufen

der Käufer

die Braut

häuslich

sauber

läuten

das Haus

der Häuptling

sauer

säubern

der Strauß – die Sträuße

Verbinde, was zusammengehört.

häufig

gläubig

die Fäuste

die Faust

der Haufen

der Raum

die Mäuse

die Räume

glauben

die Maus

Findest du alle Wörter mit **äu?** Markiere sie gelb.

Die Maus im Keller

Marie soll am Abend zwei Wasserflaschen aus dem Keller holen. Sie schaltet das Licht an und geht die Treppe hinunter. Als sie den Kellerraum betritt, hört sie ein leises Geräusch. Gleich darauf läuft eine Maus an ihr vorbei und huscht in ein altes Puppenhäuschen. Marie findet Mäuse niedlich, aber ihre Mutter schreit laut, wenn sie eine Maus entdeckt. Ihr Vater sagt, Mäuse haben in Häusern nichts zu suchen. Also beschließt Marie, das Mäuschen heimlich zu füttern.

Als die Eltern fernsehen, steckt Marie in der Küche schnell einige Nusskerne, eine Käsescheibe, ein Apfelstück und etwas Brot in ihre Hosentasche. Im Keller legt sie alles hinter einen alten Sessel in der Nähe des Puppenhäuschens.

Am nächsten Abend schleicht Marie wieder mit Obst und Käse in den Keller. Sie freut sich, dass das Mäuschen fast alles aufgegessen hat. Nun bringt sie ihm häufiger etwas zu fressen, aber die Maus lässt sich nicht blicken.

Eine Tages liegt die Nahrung unberührt da. Die kleine Maus ist verschwunden. Marie träumt bald darauf, dass sie ein Schlupfloch nach draußen gefunden hat.

Schreibe die Wörter mit **äu** jeweils einmal auf.

1. Schreibe den Text als Stationendiktat.
2. Kontrolliere zum Schluss.
3. Unterstreiche jedes richtige Wort.

Verben werden zu Nomen

Trage die Verben in der richtigen Form in die Sätze ein.
Achtung: Achte auf die Großschreibung der Verben.

spucken | sitzen | wackeln | schreien | schmieren | ~~stören~~ | ärgern

Das Stören ________ im Unterricht ist verboten!

Das ________ in der Klasse ist verboten!

________ mit dem Stuhl ist verboten!

________ anderer Kinder ist verboten!

________ auf den Boden ist verboten!

________ in unser Heft ist verboten!

________ auf dem Tisch ist verboten!

Welche Satzteile passen zusammen?
Schreibe die Sätze richtig in dein Heft.

1	Johanna geht mit dem Handtuch		vom Schwimmen.
2	Max hilft in der Küche		zum Lesen.
3	Hauke geht morgens		beim Rechnen.
4	Susi hilft Bernd		zum Schreiben.
5	Robert braucht eine Brille		beim Abwaschen.
6	Esther braucht einen Stift	1	zum Schwimmen.
7	Christian bekam Muskelkater		vom Wandern.
8	Miriam bekam nasse Haare		zum Turnen.

Lies genau und unterstreiche alle Sätze, in denen Verben zu Nomen geworden sind. Schreibe drei Sätze in dein Heft.

Eine Lügengeschichte

Die Marsolanis leben auf dem Mars. Heute wollen sie einen Ausflug zur Erde machen. Damit sie sich richtig benehmen können, lernen sie, was auf der Erde erlaubt ist und was man nicht tun darf. Mio Mars liest von einem großen Bildschirm einige Regeln vor:

Das Spucken auf den Boden ist verboten, aber Spucken ins Waschbecken ist erlaubt. Auf Autodächern ist das Schlafen verboten, aber im Bett ist das Schlafen erlaubt. Das Turnen im Kino ist verboten, aber auf dem Sportplatz ist das Turnen erlaubt. Mio Mars schwirrt der Kopf. Wie soll er sich das bloß merken?

Leise wiederholt er wichtige Sätze:
Das Schlafen im Waschbecken ist erlaubt.
Das Turnen auf Autodächern ist erlaubt.
Das Spucken in Betten ist erlaubt.
Aber mehr fällt ihm nicht ein.

Aus Angst, alles falsch zu machen, beschließt Mio Mars mit seinen Freunden, lieber auf dem Mars zu bleiben. Und jetzt weißt du, warum wir bei uns noch nie einen Marsmenschen gesehen haben.

1. Schreibe den Diktattext in dein Heft ab.
2. Schwierige Wörter kannst du unterstreichen und auf Karteikarten schreiben.
3. Kontrolliere, was du geschrieben hast.

Seite 2
Butter – Mutter – Kutter, Kanne – Tanne – Wanne, Wolle – Rolle – Scholle, Stelle – Welle – Kelle – Quelle, Puppe – Gruppe – Suppe – Truppe, Platte – Watte – Ratte – Latte, Tonne – Sonne – Wonne, Nummer – Kummer – Hummer, Mappe – Pappe – Klappe, Klette – Kette – Wette, Stall – Knall – Schall, Pfanne – Panne

Seite 4
1 Sofakissen, 2 Nusstorte, 3 Hunderasse, 4 Schokokuss, 5 Brotmesser, 6 Kassenzettel, 7 Bierfass, 8 Teetasse, 9 Schlüsselbund, 10 Rosskastanie, 11 Schlosspark, 12 Wassereimer, 13 Schwimmflossen, 14 Flusspferd, 15 Satellitenschüssel, 16 Esstisch

Seite 6
hungrig, schrecklich, plötzlich, schmutzig, langweilig, richtig, herrlich, kräftig, gefährlich, glücklich, neugierig, wichtig, lustig

Seite 7
heftig, vorsichtig, schmutzig, winzig, ängstlich, wirklich, gefährlich

Seite 8
Kartenspiel, Tierarzt, Spiegelei, Bienenhonig, Blumenwiese, Zwiebelsuppe, Siegerpokal, Knieschoner, Raubtier, Malzbier, Briefmarke, Tierklinik

Seite 10
wir backen, wir schlecken, ihr drückt, ihr weckt, ich bücke mich, es schmeckt; du schluckst, sie deckt, du knickst, er duckt sich, ihr kleckert, ich necke; ich packe, ich schicke, du blickst, du lackierst, sie meckert, er schmückt

Seite 12
verstellen/vorstellen, verziehen/vorziehen, verfahren/vorfahren, verkommen/vorkommen, versagen/vorsagen, verfallen/vorfallen, verlaufen/vorlaufen, versehen/vorsehen, verschreiben/vorschreiben, verlesen/vorlesen, verlassen/vorlassen, verrechnen/vorrechnen, vermachen/vormachen

Beispiele: Verband, Verlust, Verschluss; Vorhang, Vorhängeschloss, Vorwand

Seite 14
1. Qualle, 2. Quatsch, 3. Quiz, 4. Quadrat, 5. Quark, 6. Qualm, 7. Quelle, 8. Quittung, 9. Quitte, 10. Qualität, 11. Aquarium, 12. quer, 13. quälen, 14. quieken, 15. quengeln, 16. quaken

Seite 16
Brutbeutel, Knochenplatten, Wassertiere, Seepferdchen, Wasserpflanzen, Sandstrand, Wasseroberfläche, Schwimmblase, Unterseite, Mittelmeer

Seite 18
Pferd, Pfeife, pflegen, Pfeil, Pfanne, Pfütze, Pfirsich, klopfen, hüpfen, schlüpfen, Pfeffer, pflanzen, Pfote, Pforte, Pflaster

Seite 19
Gartenpforte, Eckpfosten, Topfpflanze, Pflaumenkuchen, Hüpfball, Pferdeschwanz

Seite 20
ins Schwarze, ins Freie, im Dunkeln, ins Helle, ins Grüne, ins Ungewisse, zum Guten

etwas Grünes, viel Gutes, etwas Neues, nichts Essbares, viel Helles, wenig Schlechtes

Seite 22
das Bild, alt, das Licht, das Kleid, der Monat, der Stift, spannend, das Boot, das Pferd, hart, der Strand, leicht, der Grund, fremd, kalt

Seite 24
der Strauß – die Sträuße,
der Bauch – die Bäuche, laut – läuten,
der Baum – die Bäume, blau – bläulich,
das Haupt – der Häuptling,
kaufen – der Käufer, die Braut – die Bräute,
sauber – säubern, das Haus – häuslich,
sauer – die Säure

häufig – der Haufen, gläubig – glauben, die Fäuste – die Faust, die Mäuse – die Maus, die Räume – der Raum

Seite 26
Das Stören im Unterricht ist verboten!
Das Schreien in der Klasse ist verboten!
Das Wackeln mit dem Stuhl ist verboten!
Das Ärgern anderer Kinder ist verboten!
Das Spucken auf den Boden ist verboten!
Das Schmieren in unser Heft ist verboten!
Das Sitzen auf dem Tisch ist verboten!

1 Johanna geht … zum Schwimmen.
2 Max hilft … beim Abwaschen.
3 Hauke geht … zum Turnen.
4 Susi hilft … beim Rechnen.
5 Robert braucht … zum Lesen.
6 Esther braucht … zum Schreiben.
7 Christian bekam … vom Wandern.
8 Miriam bekam … vom Schwimmen.

?

Spielregeln
Du kannst das Spiel allein oder mit Freunden spielen. Lege alle Fragekärtchen stapelweise umgedreht auf den Tisch. Die Kärtchen mit den Antworten verteilst du sichtbar auf dem Tisch. Spielst du mit Freunden, braucht ihr einen Würfel. Ihr würfelt reihum. Der Spieler, der zuerst eine 6 erhält, beginnt. Er zieht ein Fragekärtchen und sucht das passende Antwortkärtchen. Nach jedem Würfelwurf eines Spielers darf er ein weiteres Kartenpaar zuordnen.
Wenn ein anderer Spieler eine 6 würfelt, wird er abgelöst.

?

?

?

?

?

?

?

?

Schneide die Kärtchen auseinander.

Rechtschreibquiz

Man schreibt:
Zucker,
dick,
Brücke
mit ck.
Warum?

Man schreibt:
Kuss, müssen,
fassen, messen
mit ss.
Warum?

Nach einem kurz gesprochenen, betonten Vokal (Selbstlaut) schreibt man den scharfen s-Laut doppelt: Tasse.

Man schreibt:
Imker,
schenken,
werken
nicht mit ck.
Warum?

„Deine Frisur ist zum Lachen.“
Lachen schreibt man hier groß.
Warum?

Nach zum (zu dem), vom (von dem), beim (bei dem) schreiben wir Verben am Wortanfang groß: „Deine Frisur ist zum Lachen.“

Man schreibt:
etwas Leckeres,
nichts Neues,
viel Süßes
am Anfang groß.
Warum?

Man schreibt
Wetter,
Sonne,
Rolle
mit doppeltem Konsonanten (Mitlaut).
Warum?

Nach einem kurz gesprochenen, betonten Vokal (Selbstlaut) wird der nachfolgende Konsonant (Mitlaut) verdoppelt:
Wetter.

Man schreibt:
witzig,
schmutzig,
winzig
mit -ig am Ende und nicht mit -lich.
Warum?

Alles mit ä:
abwärts, Bär, Gerät, Käse, Lärm, Mädchen, März, Säge, schräg, spät, Träne.
Warum?

Dafür gibt es keine Regel.
Man muss die Wörter auswendig lernen.

Man schreibt:
Fuß,
fraß,
gießen
mit ß.
Warum?

Schneide die Kärtchen auseinander.

Nach einem kurzen Vokal (Selbstlaut) schreibt man ck, denn k wird so verdoppelt: Sack.

Man schreibt: er läuft mit äu. **Warum?**

Man schreibt ein Wort mit äu, wenn es ein verwandtes Wort mit au gibt: er läuft – laufen.

Nach l, m, n, r das merke ja, steht nie tz und nie ck.

Man schreibt: der Jäger mit ä. **Warum?**

Man schreibt ein Wort mit ä, wenn es ein verwandtes Wort mit a gibt: der Jäger – jagen.

Nach unbestimmten Mengenangaben (wenig, viel, etwas, nichts) schreibt man das Adjektiv groß: wenig Neues.

Man schreibt: Bild, Hund, Wand mit d am Ende. **Warum?**

Verlängere das Wort und bilde den Plural (Mehrzahl), dann hörst du, ob d oder t am Wortende steht: Bild – Bilder, Hund – Hunde.

Wenn man das Wort verlängert, hört man, ob man -ig oder -lich am Wortende schreiben muss: die schmutzigen Hosen, die winzige Maus.

Man schreibt: Berg, Weg, Flugzeug mit g am Ende. **Warum?**

Verlängere das Wort und bilde den Plural (Mehrzahl), dann hörst du, ob g oder k am Wortende steht: Berg – Berge, Weg – Wege.

Nach einem lang gesprochenen Vokal (Selbstlaut) oder Umlaut schreibt man den scharfen s-Laut mit ß: Straße, weiß.

Man schreibt Wasserpflanze, Spielplatz, Kindergarten am Anfang groß. **Warum?**

Die Wörter Wasserpflanze, Spielplatz, Kindergarten sind zusammengesetzte Nomen. Sie schreibt man am Wortanfang groß.

Schneide die Kärtchen auseinander.

?

?

?

?

?

Schneide die Kärtchen auseinander.